BEI GRIN MACHT SICH IHR WISSEN BEZAHLT

- Wir veröffentlichen Ihre Hausarbeit, Bachelor- und Masterarbeit

- Ihr eigenes eBook und Buch - weltweit in allen wichtigen Shops

- Verdienen Sie an jedem Verkauf

Jetzt bei www.GRIN.com hochladen und kostenlos publizieren

Bibliografische Information der Deutschen Nationalbibliothek:

Die Deutsche Bibliothek verzeichnet diese Publikation in der Deutschen Nationalbibliografie; detaillierte bibliografische Daten sind im Internet über http://dnb.d-nb.de/ abrufbar.

Dieses Werk sowie alle darin enthaltenen einzelnen Beiträge und Abbildungen sind urheberrechtlich geschützt. Jede Verwertung, die nicht ausdrücklich vom Urheberrechtsschutz zugelassen ist, bedarf der vorherigen Zustimmung des Verlages. Das gilt insbesondere für Vervielfältigungen, Bearbeitungen, Übersetzungen, Mikroverfilmungen, Auswertungen durch Datenbanken und für die Einspeicherung und Verarbeitung in elektronische Systeme. Alle Rechte, auch die des auszugsweisen Nachdrucks, der fotomechanischen Wiedergabe (einschließlich Mikrokopie) sowie der Auswertung durch Datenbanken oder ähnliche Einrichtungen, vorbehalten.

Impressum:

Copyright © 2013 GRIN Verlag, Open Publishing GmbH
Druck und Bindung: Books on Demand GmbH, Norderstedt Germany
ISBN: 978-3-668-05573-5

Dieses Buch bei GRIN:

http://www.grin.com/de/e-book/307041/das-bauhaus-zwischen-kaiserreich-und-nationalsozialismus-geschichte-kuenstler

Anne Zetzmann

Das Bauhaus zwischen Kaiserreich und Nationalsozialismus. Geschichte, Künstler, Kunst und Politik der Strömung

GRIN Verlag

GRIN - Your knowledge has value

Der GRIN Verlag publiziert seit 1998 wissenschaftliche Arbeiten von Studenten, Hochschullehrern und anderen Akademikern als eBook und gedrucktes Buch. Die Verlagswebsite www.grin.com ist die ideale Plattform zur Veröffentlichung von Hausarbeiten, Abschlussarbeiten, wissenschaftlichen Aufsätzen, Dissertationen und Fachbüchern.

Besuchen Sie uns im Internet:

http://www.grin.com/

http://www.facebook.com/grincom

http://www.twitter.com/grin_com

Regiomontanus Schule

Staatliche Fachoberschule Coburg

Seminararbeit

im Fachbereich

Geschichte

Thema:

Kultur und Politik in der Moderne:

Das Bauhaus zwischen Kaiserreich und

Nationalsozialismus

Anne Zetzmann

01.10.13

Inhalt

1. Darstellung des Bauhauses 3
1.1 Grundsätze und Ziele 3
1.2 Geschichte 4
1.2.1 Vorgeschichte 4
1.2.2 1919-1933 4
1.2.3 Folgen 6
1.3 Die Fachgebiete und ihre bedeutenden Künstler 6
1.3.1 Architektur 6
1.3.1.1 Walter Gropius 6
1.3.1.2 Hannes Meyer 6
1.3.1.3 Ludwig Mies van der Rohe 7
1.3.2 Kunst 8
1.3.2.1 Wassily Kandinsky 8
1.3.2.2 Johannes Itten 8
1.3.3 Bühne 10
1.3.3.1 Lothar Schreyer 9
1.3.3.2 Oskar Schlemmer 10
2. Kultur und Politik in der Bauhaus Moderne 11
2.1 Der Weg zum Bauhaus 11
2.1.1 Kunst im Kaiserreich 11
2.1.2 Die Moderne im Kaiserreich 13
2.2 Das Bauhaus in der Weimarer Republik 14
2.2.1 Die Kultur in der Weimarer Republik 14
2.2.2 Die Idee des „Neuen Menschen" 14
2.2.3 Das Bauhausgebäude in Dessau als Verkörperung der „Bauhausmoderne" 15
2.3 Das Ende des Bauhauses mit dem Nationalsozialismus 16

Einleitung

Jede Staatsform hat ihren eigenen Kunststil, der die Funktion erfüllt, die in der jeweiligen Epoche vom höchsten Wert war. Kunst, Kultur und Politik sind also interdependent. Inwieweit sie voneinander abhängig sind und warum jede Epoche ihren eigenen Kunststil hat wird in der Seminararbeit dargelegt, wobei der Schwerpunkt auf das Bauhaus gelegt wird. Demzufolge stellen sich die Frage was das Bauhaus überhaupt ist und wie es dazu kam. Der Kunststil der parallel zur Weimarer Republik entstand, war das Bauhaus.[1] Warum gründete er sich genau in der Weimarer Republik? Die Zeit in der Weimarer Republik wurde Moderne genannt. Der Kunststil des Kaiserreichs war der Historismus und im Nationalsozialismus war es die Monumentalkunst. Warum konnte das Bauhaus im Nationalsozialismus nicht weiter existieren? Hätte das Bauhaus ohne dieses Verbot Existenzchancen gehabt?

1. Darstellung des Bauhauses

Das Bauhaus bezeichnet primär eine Kunstschule, die von 1919 bis 1933 existiert hat. „Mit Bedacht hat deren Direktor Walter Gropius ihren Namen gewählt: Bauhaus – das soll an die Bauhütten des Mittelalters erinnern, in denen Handwerk und Künstler gemeinsam arbeiteten"[2]. Der Begriff Bauhaus, war aber nicht nur die Bezeichnung für die Schule sondern für den von der Schule geprägten Kunststil in der Weimarer Republik.

1.1 Grundsätze und Ziele

Eine Baukunst, die Kunst, Handwerk und Technik zusammen bringt[3], war ein angestrebtes Ziel des Bauhauses, denn es „gibt keinen Wesensunterschied zwischen dem Künstler und dem Handwerker."[4] Diese Aussage aus seinem Manifest zeigt, dass es ein Grundsatz des Bauhauses ist, dass die „Einfachheit im Vielfachen"[5] liegt, das heißt, die Dinge sollen unkompliziert in großen Mengen produziert werden können, und dennoch billig, praktisch und „schön" sein. Dieses „schön" ist apostrophiert, denn die Dinge werden ohne „Beschönigung und Verspieltheit"[6] gestaltet. Die Dinge sollen nicht nur in Massen hergestellt werden, sondern auf ihr Wesen erforscht werden, so dass sie ihrem Zweck vollendet dienen und funktionieren. Um die Herstellung der Produkte möglichst unkompliziert zu gestalten,

---

[1] Droste Magdalena: Bauhaus, Köln 2012, S. 6
[2] Gaede, Peter-Matthias: GeoEpoche: Die Weimarer Republik, Hamburg 2007, S. 74
[3] Bauhaus Online: Idee und Orte (http://bauhaus-online.de/atlas/das-bauhaus/idee aufgerufen am 23.08.13)
[4] Droste, Magdalene: Bauhaus, Köln 2012, S. 18
[5] Designwissen.de: Walter Gropius (http://www.designwissen.net/seiten/walter-gropius aufgerufen am 26.09.13)
[6] Ebd.

war es wichtig, die „lebendige Umwelt der Maschinen und Fahrzeuge"[7] zu bejahen. Da das Bauhaus in einer Zeit nach der Industrialisierung entstand, standen viele Möglichkeiten zur Verfügung. Grundformen wie das Dreieck, das Quadrat und der Kreis, sowie Grundfarben, die der goethesche Farblehre entsprachen, galten als Gestaltungsgrundlagen.[8] Das größte aller Ziele war für Walter Gropius die Architektur, in der „es keine Grenze[n] [gab] zwischen monumentaler und dekorativer Kunst."[9]

1.2 Geschichte

1.2.1 Vorgeschichte

England war im 19. Jahrhundert die führende Industrienation, doch der britische Architekt, Maler, Dichter, Kunstgewerbler und Ingenieur William Morris, der die Ideen des Schriftsteller John Ruskin umsetzte, lehnte die Fertigung mit Maschinen ab. Es sollte alles aus Menschenhand produziert werden, „jeder Stuhl, jeder Tisch und jedes Bett, jeder Löffel, jeder Krug und jedes Glas [soll] neu erfunden werden."[10] Die dieser Einstellung entsprechende Bewegung wird als „Arts and Crafts Movement" bezeichnet. Die Deutschen Künstler sahen deren Erfolge in England und wollten diese auch in Deutschland umsetzen, doch „die Reformideen in Deutschland verbanden sich von Anfang an mit volkswirtschaftlichen Konzepten der Regierung und einer Bereitschaft des Zusammengehens mit der Industrie."[11] In Deutschland bejahte man also die maschinelle Herstellung, und so wurde England von Deutschland als Industrienation abgelöst. Diese künstlerische Strömung in Deutschland um 1900 bezeichnete man als Jugendstil.[12] Die bekannteste Vereinigung die diesen Stil umsetzte, war der Werkbund, der 1907 entstand und in dem Walter Gropius Mitglied war. Im Jahr 1914 trat der Leiter der Kunstgewerbeschule, Henry van de Velde zurück und Gropius kam als Nachfolger in Frage, jedoch schloss die Schule 1915. Ende März 1919 wird die Schule wieder eröffnet und schließlich genehmigt, dass Gropius die Leitung übernimmt, so begründet er 1919 das Bauhaus in Weimar.[13]

1.2.2 1919-1933

Nach der Gründung in Weimar meldeten sich 150 Schüler an, darunter sind fast zur Hälfte Frauen, „denn die neue Weimarer Verfassung gewährte den Frauen die unbeschränkte

---

[7] Designwissen.de: Walter Gropius (http://www.designwissen.net/seiten/walter-gropius aufgerufen am 26.09.13)
[8] Vgl. Ebd.
[9] Droste, Magdalena: Bauhaus, Köln 2012, S. 19
[10] Ebd. S. 10
[11] Bott, Gerhard: Von Morris zum Bauhaus, Darmstadt 1977, S. 35-36
[12] Ebd. S. 39
[13] Vgl. Droste, Magdalena: Bauhaus, Köln 2012, S. 10-15

Lernfreiheit."[14] Die Ausbildung am Bauhaus erstreckte sich über dreieinhalb Jahre: Das erste halbe Jahr beinhaltete eine Vorlehre und die restlichen drei Jahre teilten sich in Werk- und Formlehre. Die Werklehre teilte sich nach den Materialfeldern Stein, Holz, Metall, Ton, Glas, Farbe und Gewebe auf. Die Bestandteile der Formlehre waren die Anschauung, die das Naturstudium und die Lehre von Stoffen beinhaltete und die Darstellung, deren Inhalt die Projektionslehre, Lehre von Konstruktionen und Werkzeichnen und Modellbau für alle räumliche Gebilde war. Ein weiterer Punkt der Formlehre war die Gestaltung mit den Lehrgebieten Raumlehre, Farblehre und Kompositionslehre. Ergänzende Lehrgebiete am Bauhaus waren Material- und Werkzeugkunde sowie das Erlernen der Grundbegriffe von Buchführung, Preisberechnung und Vertragsabschlüssen. [15] Da das Bauhaus eine staatliche Schule war, hing sie von der jeweiligen Regierung ab[16]. Als die NSDAP die Mehrheit in Weimar erreichte, löste sich das Bauhaus 1925 auf und siedelte nach Dessau über, da dies zu der Zeit unter sozialdemokratischer Regierung stand. Die Lehre änderte sich mit dem Umzug, die Werkstätten wurden „auf sechs reduziert: Tischlerei, Metallwerkstatt, Wandmalerei, Textil, Buch- und Kunstdruck sowie plastische Werkstatt. Die »Bühne« wurde im Lehrplan 1925 (…) nicht genannt, dann aber doch eingerichtet."[17] 1928 trat Walter Gropius als Leiter zurück und der Architekt Hannes Meyer wurde sein Nachfolger. Am 31. Juli 1930 wurde ihm fristlos gekündigt, da dem damaligen Oberbürgermeister von Dessau, Fritz Hesse, der der DDP angehörte[18], das Bauhaus zu kommunistisch wurde und er das „unpolitische Bauhaus, wie es Gropius geführt"[19] hatte, beibehalten wollte. Der Architekt Ludwig Mies van der Rohe wurde Meyers Nachfolger. Mit ihm wehte ein neuer Wind am Bauhaus, nicht nur das der Lehrplan bei ihm sehr „architekturlastig" war, es wurde auch ein deutlich strengerer Lehrstil etabliert. Ihm war das Zwischenmenschliche zwischen Meister [wie die Professoren am Bauhaus genannt wurden] und Studierenden nicht so wichtig wie seinen Vorgängern.[20] Doch auch das Dessauer Bauhaus musste 1932 schließen, da auch in Dessau die Nationalsozialisten die Mehrheit im Landtag erreicht hatten. Das Bauhaus wanderte nach Berlin, doch auch dort sorgten die Nazis nach der Machtergreifung dafür, dass es wieder geschlossen wurde. Durch

---

[14] Droste, Magdalena: Bauhaus, Köln 2012, S. 40
[15] Archivportal Thüringen: Aufgaben, Ziele und Entwicklung des Staatlichen Bauhauses. (http://archive.thulb.uni-jena.de/ThHStAW/receive/ThHStAW_file_00000232?jumpback=true&maximized=true&page=BH_Weimar_01_0518.jpg aufgerufen am 18.08.13)
[16] Droste, Magdalena: Bauhaus, Köln 2012, S.46
[17] Ebd. S. 134
[18] Vgl. Dessaus Geschichten. (http://www.dessau-geschichte.de/dessau_geschichte_biografie.php#H aufgerufen am 20.09.13)
[19] Droste Magdalena: Bauhaus, Köln 2012, S. 200
[20] Ebd. S. 204

das Engagement der Studierenden und des Leiters Mies van der Rohe erreichten sie eine Wiedereröffnung der Schule. Doch es wurden bestimmte Bedingungen von der Regierung vorausgesetzt, die kommunistischen und jüdischen Lehrer sollten ersetzt werden[21] und die NSDAP forderte „einen nationalsozialistisch orientierten Lehrplan."[22] Daraufhin beschlossen die Meister am 19. Juli 1933 das Bauhaus aufzulösen. [23]

1.2.3 Folgen

Viele bedeutende Künstler des Bauhauses, wie zum Beispiel Moholy-Nagy, Gropius und Van der Rohe emigrierten im Jahr 1937 nach Amerika. László Moholy-Nagy gründete 1938 die School of Design in Chicago. Deren Lehrplan „entsprach dem am 'alten' Bauhaus praktizierten Vorkursprinzip, welches ebenso übernommen wurde wie die strikte Werkstattbindung in der Ausbildung."[24] Dieser Plan änderte sich natürlich mit der Zeit und wurde an die amerikanischen Voraussetzungen und Bedürfnisse angepasst. Die School of Design existiert bis heute noch und ist „eine angesehene, professionell orientierte Design-Hochschule."[25]

1.3 Die Fachgebiete und ihre bedeutenden Künstler

1.3.1 Architektur

Wie eingangs bereits erwähnt, war das größte Ziel des Bauhauses die Architektur. „Man entwarf mit z.T. neuen, auf Typisierung und Normierung orientierten Methoden nicht nur schlechthin neue Architektur, sondern antizipierte über sie auch einen neuen Lebensstil."[26] Die drei einflussreichsten Künstler der Architektur, Walter Gropius, Hannes Meyer und Ludwig Mies Van der Rohe, waren auch alle drei Direktoren am Bauhaus, dies könntet daraufhin begründet liegen, dass die Architektur einen hohen Stellewert einnimmt, schließlich schreibt Gropius in seinen Manifest: „Das Endziel aller bildnerischen Tätigkeiten ist der Bau."[27]

---

[21] Droste, Magdalena: Bauhaus, Köln 2012, S. 234
[22] Ebd. S. 235
[23] Vgl. Ebd. S. 236
[24] Bauhaus Archiv: Nachfolge. (http://www.bauhaus.de/bauhaus1919/nachfolge1919.html aufgerufen am 21.08.13)
[25] Ebd.
[26] Bauhaus Dessau: Thema: Architektur – Vom Neuen Bauen zur Nachkriegsmoderne (http://www.bauhaus-dessau.de/architektur-4.html aufgerufen am 26.08.13)
[27] Droste, Magdalena: Bauhaus, Köln 2012, S. 18

1.3.1.1 Walter Gropius (1883-1969)

Walter Gropius begann 1903 ein Architekturstudium in München, 1905 führte er es in Berlin fort. Danach arbeitete er 2 Jahre in einem Architekturbüro, und gründete anschließend zusammen mit Adolf Meyer sein eigenes Büro. In diesem Büro durften auch Studierende mitarbeiten. Er hat keine „Trennlinie zwischen privaten Aufträgen und solchen an die Schule gezogen."[28] Die zwei Architekten hatten viele Aufträge bis zum Ersten Weltkrieg, wie zum Beispiel das Fagus-Werk in Alfeld, das als Mustergebäude für die architektonische Moderne galt. Im Jahr 1919 geschah der größte Schritt in seiner beruflichen Laufbahn, zum einen war er Leiter des Arbeitsrates für Kunst, zum anderen Leiter der Kunsthochschule in Weimar, aus der er dann das staatliche Bauhaus gründete, an dem er bis 1928 Direktor war. Nachdem das Bauhaus 1925 nach Dessau umziehen musste, entwarf er das neue Schulgebäude. 1943 emigriert Gropius nach London und arbeitete dort in einem Architekturbüro, bis er 1937 in die USA ging. In Amerika wurde er Leiter der Architekturabteilung an der Graduate School of Design in Harvard. Auch in Amerika gründete er 1941 ein Architekturbüro und entwarf 1964 das Gebäude für das Bauhaus-Archiv in Darmstadt. 1969 ist Walter Gropius in Boston gestorben[29], doch „für das Bauhaus war Gropius noch über seine Amtszeit hinaus die inspirierende Persönlichkeit und integrative Autorität."[30]

1.3.1.2 Hannes Meyer (1889-1954)

Hannes Meyer, der 1889 in Basel geboren wurde, war ab 1928 der Leiter des Bauhauses. Er wurde von Gropius nach Mart Stam, der ablehnte als Nachfolger vorgeschlagen, da Gropius es als gut empfand, dass Meyer 1905 eine Ausbildung zum Maurer absolviert hatte und handwerklich vorerfahren war. In der Zeit nach seiner Ausbildung bis zum Direktorat des Bauhauses unternahm er eine einjährige Studienfahrt in England und arbeitete in verschiedenen Architekturbüros, bis er dann 1927 als Meister für Architektur am Bauhaus eingestellt wurde und im darauffolgenden Jahr zum Direktor aufstieg. Doch Meyer wurde nach 2 Jahren fristlos vom damaligen Bürgermeister Hesse gekündigt, da er marxistische Philosophie in sein Arbeiten mit einfließen ließ.[31] Außerdem änderte er in den zwei Jahren das Ausbildungskonzept, „[e]r trennte die Wissenschaft von der Kunst, führte zusätzlich neue technische, natur- und geisteswissenschaftliche Fächer ein und orientierte die Arbeit in den

---

[28] Bauhaus Archiv: Architektur und Architekturunterricht unter Walter Gropius 1919-1927 (http://www.bauhaus.de/93.html aufgerufen am 26.08.13)
[29] Droste, Magdalena: Bauhaus, Köln 2012, S. 245
[30] Ebd. S. 245
[31] Droste, Magdalena: Bauhaus, Köln 2012, S. 199

Werkstätten an Industrievorgaben"[32]. Dies führte zu Konflikten mit Gropius, der sich mit dem Bürgermeister zusammenschloss und zur Kündigung beitrug. Nach der Entlassung wanderte Meyer in die Sowjetunion aus und arbeitete dort an einer Hochschule und an einer Architekturakademie, bis er 1936 wieder in die Schweiz zog und dort ein Kinderheim baute. Zwischen 1939 und 1949 lebte er in Mexiko und arbeitete als Architekt und Stadtplaner, danach ging er wieder in sein Heimatland, in dem er 1954 starb.[33]

1.3.1.3 Ludwig Mies van der Rohe (1886-1969)

Ludwig Mies van der Rohe ist bekannt als der Direktor, der Autorität ins Bauhaus brachte. Er wendete den autoritären Lehrstil an, denn die Studierenden standen ihm mit Konfrontation entgegen, da sie keinerlei Mitbestimmung über die Amtsentziehung Meyers und die Neueinstellung Rohes hatten. Rohe amtierte von 1930 bis zur Auflösung 1933 als Leiter am Bauhaus. Anders als seine Vorgänger war er schon vor seiner Arbeit am Bauhaus sehr bekannt, denn er galt „damals schon als einer der überragenden deutschen Architekten der Avantgarde."[34] Van der Rohe ist 1886 in Aachen geboren und war gelernter Maurer sowie Stuck- und Ornamentzeichner. Von 1904 bis 1907 arbeitete er in Bruno Pauls Büro, studierte nebenbei an der Kunstgewerbeschule und wurde nach einen Job in einen Architekturbüro 1911 freier Architekt in Berlin. In dieser Zeit entstanden „vier maßgebende Idealentwürfe für Hochhäuser und Bürobauten, Realisierungen von Villen und Ausstellungsarchitektur."[35] Nach seiner Arbeit als Leiter des Bauhauses wanderte er 1937 nach Chicago aus und war dort bis 1958 Direktor der Architektur-Abteilung der Amour Institute, einer technische Universität, die später unter den Namen Illinois Institute of Technology bekannt wurde. Zusätzlich besaß er ein eigenes Büro, in dem er viele bedeutende Gebäude entwarf, bis er 1969 in Chicago starb.[36]

1.3.2 Kunst

Walter Gropius Ziel war es, Kunst und Handwerk zusammenzubringen. Deshalb war das Bauhaus nie eine reine Kunstschule, doch sie beinhaltete einen großen Bereich für Malerei, Grafik und Plastik. Zwei bedeutende Künstler des Fachbereiches Kunst waren Wassily Kandinsky und Johannes Itten.

---

[32] Bauhaus-online: Hannes Meyer (http://bauhaus-online.de/atlas/personen/hannes-meyer aufgerufen am 27.08.13)
[33] Vgl. Droste, Magdalena: Bauhaus, Köln 2012, S. 248
[34] Ebd. S. 204
[35] Bauhaus Archiv: Ludwig Mies van der Rohe
(http://www.bauhaus.de/bauhaus1919/biographien/mies_van_der_rohe.html aufgerufen am 29.08.13)
[36] Vgl. Droste, Magdalena: Bauhaus, Köln 2012, S. 249

1.3.2.1 Wassily Kandinsky (1866-1944)

Der gebürtige Russe kam 1922 ans Bauhaus in die Werkstatt für Wandmalerei und unterrichtete zusätzlich die Farblehre. Kandinsky beschäftigte sich ebenso wie Itten mit den Grundformen Dreieck, Rechteck und Kreis, und den Grundfarben Rot, Gelb und Blau, sowie mit deren Wirkung. 1912 publizierte er das Buch „Über das Geistige in der Kunst" zu diesem Thema. Er studierte Rechte und Volkswirtschaft und anschließend Malerei. Wassily Kandinsky wurde 1918 Mitglied verschiedener Konstitutionen in Russland, doch diese lehnten seine Vorschläge zur Ausbildung der Künstler ab, „da sie zu subjektiv und zu wenig gesellschaftlichen Zielen verpflichtet seien."[37] Aus diesem Grund kam er 1921 nach Berlin und wurde das Jahr später, Lehrer am Bauhaus. Sein Unterricht basierte auf ständiger Wiederholung der Übungsaufgaben, er „wollte damals die Gegenstände so darstellen, daß sie nur noch „Erinnerungen" seien und Assoziationen hervorriefen."[38] Nach dem Ende des Bauhauses wanderte er nach Paris aus, wo er dann 1944 starb.[39]

1.3.2.2 Johannes Itten (1888-1967)

Johannes Itten wurde 1888 in der Schweiz geboren und arbeitete vor seinem mathematisch-naturwissenschaftlichen Studium 1910 bis 1912 als Volksschullehrer, nachdem er ein kurzes Lehrerseminar besucht hatte. Aufgrund seines gestiegenen Interesses für Kunst ging er nach dem Studium an die Stuttgarter Akademie, an der er Schüler von Adolf Hölzel war. 1916 hatte er eine Einzelausstellung in Berlin, die er „Der Sturm" nannte. Anschließend gründete er in Wien eine Kunstschule. Itten amtierte am Bauhaus von 1919 bis 1923. „Ittens pädagogischer Ansatz läßt sich mit einem gegensätzlichen Begriffspaar beschreiben: „Intuition und Methode" oder auch „subjektive Erlebnisfähigkeit und objektives Erkennen"."[40] Er unterrichtete eine Kontrast-, Form- und Farblehre. In der Kontrastlehre mussten die Schüler Materialien zusammenstellen, die gegensätzlich waren, wie zum Beispiel rau und glatt oder hart und weich. Die Formlehre beinhaltete die Grundformen, „wobei jeder Form ein bestimmter Charakter zugesprochen wurde (…). Der Kreis galt als „fließend" und „[z]entral", das Quadrat als „ruhig", das Dreieck als „diagonal"."[41] Die Farblehre Ittens basierte auf der goetheschen Farblehre. Es kam nach einer Zeit zu einem Konflikt zwischen Walter Gropius und Johannes Itten, Gropius wollte die Auftragsarbeit am Bauhaus mehr fördern und für Itten war „die Weckung und [die] Erziehung zum Schöpferischen"[42] wichtig.

---

[37] Ebd. S.66
[38] Ebd. S. 67
[39] Vgl. Ebd., S. 247
[40] Droste Magdalena: Bauhaus, Köln 2012, S. 25
[41] Ebd. S. 27
[42] Ebd. S. 46

Als Gropius verschiedene Aufträge ausgab, reichte Itten seine Kündigung ein und verließ 1923 das Bauhaus. Danach ging er zum Hauptsitz der Mazdaznan-Sekte, der er schon länger angehörte und lehrte dort in den Werkstätten. Im Jahr 1926 gründete er eine eigene Kunstschule in Berlin die bis 1934 bestehen blieb. Bis 1956 war er an verschiedenen Schulen als Leiter tätig, zusätzlich baute er 1950 ein Kunstmuseum in Rietberg auf. Itten starb 1967 in Zürich.[43]

1.1.3 Bühne

Die Bühne am Bauhaus gab es von 1921 bis 1929, sie wurde zuerst von Lothar Schreyer geleitet, die dann von Oskar Schlemmer abgelöst wurde. Auch die Bühnen-Abteilung nahm „auf sehr eigenständige Weise an der Entwicklung des Bauhauses vom Handwerk zur Formgestaltung im industriellen Zeitalter teil."[44]

1.3.3.1 Lothar Schreyer (1886-1966)

Lothar Schreyer, der Dramaturg, Maler und Schriftsteller war, war von 1921 bis 1932 am Bauhaus Leiter der Bühnenklasse. Vorher war er von 1911 bis 1918 am Spielhaus in Hamburg als Dramaturg und Regieassistent tätig. Schreyer war ein „Sturm" Künstler genauso wie Johannes Itten. Er arbeitete 1914 mit Herwarth Walden zusammen, der die Galerie „Der Sturm" in Berlin leitete, anschließend war er von 1916 bis 1928 der Schriftleiter der gleichnamigen Zeitschrift. Nach dem Krieg führte er die expressionistische „Kampfbühne" mit den Bühnenwerken „Kreuzigung", „Mann" und „Kindsterben" auf. Diese Stücke sollten ein „kosmischer Spiegel der Einheit des Lebens"[45] sein. Seine Lehre am Bauhaus basierte auf der Annahme von Grundfarben, Grundformen, Grundbewegungen und Grundnoten. Als das kultisch-religiöse Spiel „Mondspiel" bei der Probeaufführung in einer Katastrophe endete und seine Studenten gegen ihn protestierten beendete er seine Amtszeit am Bauhaus.[46] Mit der Auffassung, daß das Kunstwerk „Verkündigung aus der Geistigen Welt" eines Volkes und einer Zeit sei, kam Schreyer in den dreißiger Jahren zunächst zum christlichen Mystizismus und zu völkischen Ideen, schließlich aber in die Nähe nationalsozialistischer Ideologie"[47]. Schreyer wechselte danach zur Kunstschule in Berlin und war von 1924 bis 1927 zeitweise

---

[43] Vgl. Ebd. S. 246
[44] Bauhaus Archiv: Bühne (http://www.bauhaus.de/bauhaus1919/buehne1919.html aufgerufen am 13.08.13)
[45] Droste Magdalena: Bauhaus, Köln 2012 S. 101
[46] Ebd. S.101
[47] Ebd. S. 253

der Leiter dieser Schule. Nach seiner Konversion zum Katholizismus schrieb er nur noch christliche Stücke. Er starb 1966 in Hamburg.[48]

1.3.3.2 Oskar Schlemmer (1888-1943)

Der gebürtige Stuttgarter war schon früh kunstbegeistert und absolvierte 1903 bis 1905 eine Lehre als kunstgewerblicher Zeichner in einer Intarsien-Werkstatt, studierte danach genau wie Itten an der Stuttgarter Akademie und war auch Schüler von Adolf Hölzel. Zwischenzeitlich nahm er am Ersten Weltkrieg teil und wurde dann wieder Schüler bei Hölzel. Schon am Anfang des Krieges arbeite er an einem Bühnenstück, dem „Triadischen Ballett" das im Jahre 1922 sehr berühmt wurde. 1921 bis 1929 war Schlemmer als Meister am Bauhaus tätig, sein Unterricht ähnelt zwar im Ansatz dem von Schreyer, doch im Ergebnis war er völlig verschieden. Oskar Schlemmer bezog sich ebenso auf die Grundelemente, doch legte er seinen Schwerpunkt auf Grundbewegungen, also auf den Tanz. Seinen größten Erfolg hatte er, als er 1928/29 mit der Bauhausbühne bis in die Schweiz auf Tournee ging. Ab 1929 war er Professor an zwei Kunstschulen: An der Breslauer Akademie und an den Vereinigten Staatschulen für Kunst in Berlin. Nach den Professorentätigkeiten verdiente

er sein Geld mit Wandbildern. 1940 war er in einer Lackfabrik in Wuppertal tätig, bis er 1943 in Baden-Baden starb.[49]

Betrachtet man alle Künstler, so stellt man fest, dass alle nach der Schließung des Bauhauses, bis auf die Bühnen-Meister im Ausland tätig waren.

2. Kultur und Politik in der Bauhaus Moderne

2.1 Der Weg zum Bauhaus

Das Bauhaus entstand nach dem Ersten Weltkrieg, in der Weimarer Republik. Um die kulturelle und politische Veränderung verstehen zu können, muss die Kunst, Politik und Kultur im Kaiserreich betrachtet werden.

2.1.1 Kunst im Kaiserreich
Im Kaiserreich tritt der Historismus auf. „Der Ausdruck Historismus bezeichnet in der Stilgeschichte eine Stilrichtung des ausgehenden 19. Jahrhunderts, bei der man auf ältere Stilrichtungen zurückgriff und diese nachahmte.(…) Gelegentlich wurden auch mehrere Stile

---
[48] Vgl. Ebd. S. 252-253
[49] Vgl. Droste, Magdalena: Bauhaus, Köln 2012, S. 251-252

in einem Gebäude gemischt, diese teilweise recht wahllosen Kombinationen nennt man Eklektizismus."[50] Um den Historismus kulturell verstehen zu können muss man ein wenig zurückgreifen. Im späten 18. Jahrhundert entstand Kunst für die Allgemeinheit. Vorher beschäftigten sich nur die in der Hierarchie am höchsten positionierten mit der Kunst, doch „aus den fürstlichen Galerien [wurden] Kunstmuseen"[51], Kunst wurde allgemein zugänglich. Es kam zur Verbürgerlichung der Kunst, „die Künste [wurden] ein Mittel der Lebensinterpretation, sie gehören notwendig in den Haushalt des ernsthaften Lebens hinein."[52] Dadurch, dass sich viele Menschen mit Kunst beschäftigten und jeder einen individuellen Geschmack hat, war es für die Künstler schwer, einen bestimmten Stil zu finden, der alle Kunstkonsumenten anspricht, und so kam es dazu, dass sich die Künstler nicht auf einen Stil beschränkten, sondern sich an vergangene Stilepochen anlehnten. „Mit der Individualisierung der Menschheit, der Innenleitung, nahmen die Bedeutung des Gefühls, das Verlangen nach Gefühlsausdruck und Gefühlsdifferenzierung zu"[53]. Dies war ebenfalls unmöglich, in einen Stil für alle Menschen passend, umzusetzen. Daraus ergibt sich, dass die Künstler sich nicht mit der gegenwärtigen Politik und Gesellschaft und deren Probleme beschäftigten.[54] Politisch gesehen hatten die Bürger im Kaiserreich wenig Einfluss. Es gab zwar ein Parlament, aber es war keine Demokratie mit den Möglichkeiten wie sie in der BRD geboten werden, denn es war trotz alldem noch eine Monarchie. „Diese beherrschende Stellung des Staates, seine konservativ-adlige Signatur und die sich daraus ergebene rabiate Abwehr gegen Liberale, Sozialdemokraten und Juden waren Kennzeichen des Kaiserreichs und ließen viele in- und ausländische Zeitgenossen dann doch an dessen Modernität zweifeln."[55] Nach der Verbürgerlichung der Kunst kam es zu deren Autonomisierung. Die „Künstler emanzipierten sich zunehmend von den ideologischen Prämissen des bürgerlichen Denkens und propagierten mit steigendem Nachdruck das Prinzip der Autonomie von Kunst (…) gegenüber den herrschenden politischen und gesellschaftlichen Mächten."[56] Wie schon beschrieben, sträubte sich der Kaiser gegen eine Autonomisierung, doch seine Bemühungen waren vergeblich, da sich die Künstler „unabhängiger von den direkten oder indirekten Förderungen durch staatliche oder kommunale Instanzen"[57] machten. Thomas Nipperdey

---

[50] Fremdwort.de: Historismus (http://www.fremdwort.de/suchen/bedeutung/Historismus aufgerufen am 25.09.13)
[51] Nipperdey, Thomas: Wie das Bürgertum die Moderne fand, Berlin 1988, S. 14
[52] Ebd. S. 22
[53] Ebd. S.32
[54] Geade, Peter Matthias: GeoEpoche Deutschland um 1900, Hamburg 2004, S. 197
[55] Craig, Gordon A.: Deutsche Geschichte 1866-1945, München 1980, S. 25
[56] Hardtwig, Brandt: Deutschlands Weg in die Moderne, München 1993, S. 255
[57] Ebd. S. 261

beschreibt eine paradoxe Entwicklung der Kunst: „bürgerliche Kunst ist autonome Kunst, autonome Kunst ist bürgerliche Kunst; Kunst wird »demokratisch«, und Kunst wird zugleich esoterischer."[58] Damit ist gemeint, dass der Künstler durch seine Freiheit und Selbstbestimmung die alleinige Bestimmungsgewalt über sein Werk hat und es somit nicht an die bürgerlichen Interessen angepasst ist. Der Künstler macht sozusagen Kunst für sich oder erschafft „L´art pour L´art"[59]. Es kam vor, dass sich die kunstinteressierten Bürger fragten was das Bild darstellen sollte, vor dem sie standen[60] „Kunst [wurde] schwieriger, komplizierter, anspruchsvoller, Kunst wird esoterischer"[61].

2.1.2 Die Moderne im Kaiserreich

„Seit 1896 propagiert die Zeitschrift »Jugend« den nach ihr benannten Stil, 1906 stellen erstmals Expressionisten in Dresden ihre Werke aus - und setzen damit zum Sprung in die Moderne an"[62]. Diese Künstlerbewegung fand ein Publikum und wurde von diesem unterstützt. Dieser Teil des Bürgertums wollte „die Wiederübereinstimmung von Kunst und Leben, und zwar so, daß nicht das Leben der Kunst, sondern die Kunst dem Leben folgen sollte."[63] Im 19. Jahrhundert wuchs Deutschlands Bevölkerung stark. Das lag daran, dass die Lebenserwartung viel höher wurde und es normal war, viele Kinder zu haben. Der Arbeitsplatzbedarf der Bevölkerung konnte etwa ab 1870 erfüllt werden, denn Deutschland wurde die führende Industrienation Europas.[64] Die Kunst griff die Industriealisierung auf, was auf Interesse beim Publikum stieß. Wie schon erwähnt gründete sich in dieser Zeit der Werkbund und wurde „zur erfolgreichsten und wichtigsten Vereinigung von Kunst und Wirtschaft vor dem Ersten Weltkrieg"[65]. Ein Prinzip des Werkbundes wie auch das des Jugendstils war es, bei der kunstgewerblichen Arbeit Kunst, Handwerk und Industrie zusammenzubringen.[66] Ein weiterer Grund, der die Bürger dazu bewegte, den Jugendstil zu befürworten, war dass die Bürger keine Beziehung zur Politik aufbauen konnten, so „wurden die politikfernen Bereiche, die Wissenschaft, die Technik, die Lebensformen und eben auch die Künste, Zentralbereiche der Wirklichkeitsauseinandersetzung, der Weltbewältigung, der

---

[58] Nipperdey, Thomas: Wie das Bürgertum die Moderne fand, Berlin 1988, S. 41
[59] Ebd. S. 49
[60] Ebd. S. 44
[61] Ebd. S.48
[62] Geade, Peter Matthias: Geoepoche, Deutschland um 1900, Hamburg 2004, S. 22
[63] Nipperdey, Thomas: Wie das Bürgertum die Moderne fand, Berlin 1988, S. 56
[64] Vgl. Geade, Peter Matthias: Geoepoche, Deutschland um 1900, Hamburg 2004, S.44
[65] Droste, Magdalena: Bauhaus, Köln 2012, S. 12
[66] Vgl. Ebd. S.12

Selbstverwirklichung, der Lebenserfüllung, der gesellschaftlichen Veränderung."[67] So transportierte die Kunst mit der Unterstützung der Bürger die Modernität.[68]

2.2 Das Bauhaus in der Weimarer Republik

2.2.1 Die Kultur in der Weimarer Republik

Die kulturelle Moderne existierte zwar, schon im Kaiserreich, doch erst in der Weimarer Republik wurde von der Moderne gesprochen, „weil diejenigen, die sie schufen, überzeugt waren, daß sie in einem neuen Zeitalter lebten, in dem alles von Grund auf neu erschaffen werden mußte."[69] Nach dem Krieg veränderten sich die Menschen und ihre Einstellungen. „Die Kirchen hatten (…) viel von ihrem früheren Einfluss verloren."[70] Bei der Jugend verringerte sich der Respekt vor den Älteren, „[d]ie jungen Leute kuschten nicht mehr folgsam vor ihren Eltern und Lehrern und deren moralischen und gesellschaftlichen Regeln."[71] Auch die Stellung der Frauen veränderte sich, sie durfte wählen, die Schule besuchen und arbeiten, wenn auch in niedriger gestellten Berufen als der Mann. Mit der neuen Stellung begannen die Frauen auch ihren Kleidungsstil zu verändern, nicht mehr verhüllend sondern offen und frei zeigte sie sich.[72] Auch die politische Einstellung änderte sich, denn „[e]in hervorstechendes Kennzeichen des Weimarer Kulturlebens war die Abneigung seiner führenden Vertreter gegen die republikanische Verfassung und gegen deren Organe in Regierung und Parlament."[73] Dass die Gesellschaft zerrissen war zwischen den linken und den rechten Parteien, ist auch ein Grund dafür, dass Walter Gropius ein „unpolitisches" Bauhaus wollte, da er glaubte dass dies nur auf diese Art und Weise dauerhaft Bestand habe.[74]

2.2.2 Die Idee des „Neuen Menschen"

Mit der Veränderung der Kultur entstand die Idee des „Neue Mensch". Da sich die Kultur in der Weimarer Republik änderte, änderte sich auch der Mensch, der in dieser Kultur lebte. „Insbesondere die technischen Entwicklungen, die das tägliche Leben nachhaltig verändert haben, lassen die Gegenwart der frühen 1920er Jahren als eine vollständig von der Vergangenheit losgelöste und unvergleichliche Epoche erscheinen."[75] Rationalität,

---

[67] Nipperdey, Thomas: Wie das Bürgertum die Moderne fand, Berlin 1988, S.63-62
[68] Vgl. Ebd. S 54 - 64
[69] Craig, Gordon Alexander, Deutsche Geschichte 1866-1945, München 1980, S .411
[70] Ebd. S. 417
[71] Ebd. S. 417
[72] Vgl. Ebd. S. 416 - 418
[73] Craig, Gordon Alexander, Deutsche Geschichte 1866-1945, München 1980, S. 419
[74] Vgl. Droste, Magdalena: Bauhaus, Köln 2012, S. 200
[75] Poppelreuther, Tanja: Das neue Bauen, für den Neuen Menschen, Hildesheim 2007, S. 14

Fortschritt, Freiheit und Gleichheit waren von großem Wert in der Moderne.[76] Der „Neue Mensch" konnte also durch die Freiheit, Rationalität und durch den Fortschritt, also durch die technisierte Arbeit gekennzeichnet werden. Die Technik gab „dem Menschen Kraft und Freiheit, die ihm dazu [verhalf], schöpferisch zu werden. Sie [verlieh] Zuversicht, [bewirkte] die Erweiterung des menschlichen Bewegungsraums und [formte] schließlich das menschliche Denken um, was dazu [führte], dass sie die Welt [veränderte] und so zum Motor für die Weiterentwicklung des Menschen selbst [wurde]."[77] Die Technik war also für die meisten Menschen etwas Positives und so konnte sich das Bauhaus umsetzen und hatte Erfolg, denn dessen Stil wollte Kunst und Technik zusammenführen.

2.2.3 Das Bauhausgebäude in Dessau als Verkörperung der „Bauhausmoderne"
Das Bauhausgebäude in Dessau wurde von Walter Gropius entworfen. Gropius der als Vater des Bauhauses galt, entwarf das Gebäude natürlich so, dass es den Bedürfnissen des „Neuen Menschen" entsprach. Die gläsernen Wände sollten das Bedürfnis nach Freiheit befriedigen, die Räume waren „lichtdurchflutet und mit der Außenwelt verbunden."[78] Gropius trennte „die Gebäudeteile nach ihren Funktionen und gestaltete sie unterschiedlich. Dabei ordnete er die einzelnen Flügel asymmetrisch an."[79] Die Gebäudeteile waren: Die Hochschule für Gestaltung mit deren Werkstätten, ein Verwaltungstrakt, eine Berufsschule, ein kollektiver Raum und Wohnunterkünfte für Studenten. Er hat sich ganz bewusst für eine bestimmte Anordnung der Gebäudeteile entschlossen, da er so den Studenten Zeit sparen wollte und sie das Gefühl von Ordnung, Ruhe und Disziplin hatten. So lag der Verwaltungstrakt, der für die Hochschule und die Berufsschule war, zwischen den beiden und war von beiden her schnell erreichbar. Die Unterkünfte der Studenten lagen ganz hinten, da dies der Trakt war, den die Studenten am Ende des Tages erreichen mussten. Auf dem Weg zu den Wohnunterkünften lag der kollektive Raum, indem alle zusammenkommen konnten, ein Ort der Begegnung.

---

[76] Bundeszentrale für politische Bildung: Die Dynamik sozialen Wandels in der Moderne (http://www.bpb.de/politik/grundfragen/deutsche-verhaeltnisse-eine-sozialkunde/137997/die-dynamik-sozialen-wandels-in-der-moderne aufgerufen am 21.09.13)
[77] Poppelreuther, Tanja: Das neue Bauen für den Neuen Menschen, Hildesheim, S. 76
[78] Ebd. S.143
[79] Bauhaus Dessau: Das Bauhausgebäude von Walter Gropius (1925-26), (http://www.bauhaus-dessau.de/das-bauhausgebaude-von-walter-gropius.html aufgerufen am 21.09.13)

Abbildung 1: Bauhausgebäude in Dessau

Orange: Wohnunterkünfte für die Studenten

Blau: Kollektiver Raum

Rot: Verwaltung

Grün: Berufsschule

Gelb: Hochschule mit deren Werkstätten

Dieser Ort sollte geschützter und intimer als die anderen Räume sein, da er sich von den Arbeitsstätten unterschied. Deshalb entschied er sich für eine Glass- und Stahlfassade. Die Wohnunterkünfte hatten keine Glaswand. Dafür hatten sie kleine Balkons, die für ein Gefühl von Weite sorgen sollten. Alle Wohnungen waren gleich aufgebaut und sahen auch von außen identisch aus. Für Gropius war auch die Ausrichtung des Gebäudes von hoher Bedeutung. Gropius richtete es so aus, dass im Sommer die Frühsonne die Studenten weckte und sie an die Pflege eines harmonischen Verhältnisses zur Natur und Hygiene erinnern sollte. Es waren „medizinische Erkenntnisse, nach denen möglichst viel Licht, Luft und Sonne im Wohnraum die grundlegenden Voraussetzungen für eine gesunde und hygienische Umgebung"[80] waren. Das Atelier setzte er auf die Ost-West Achse, sodass es den ganzen Tag von der Sonne beschienen wurde, und die Berufsschule bekam die letzten Sonnenstrahlen ab, bevor die Sonne unterging.[81]

2.3 Das Ende des Bauhauses mit dem Nationalsozialismus

„Man kann mit Fug und Recht sagen, daß die architektonischen Meisterleistungen der NS-Zeit die waren, bei denen Hitlers Neigung zum Übermaß sich den Anforderungen der Nützlichkeit unterordnete"[82]. Obwohl die Funktionalität eines der Prinzipien des Bauhauses war, wurde das Bauhaus dennoch von der NSDAP verboten. Bei den Nationalsozialisten galt „die Moderne grundsätzlich als »undeutsch«, »artenfremd« und »bolschewistisch«."[83] Die meisten Bauhaus-Meister emigrierten deshalb in die USA um ihre Leidenschaft weiter verfolgen zu können. Doch nicht alle, der Schriftsteller, Dramaturg und Maler Lothar Schreyer stimmte damals sogar für die NSDAP. Er war „in dem Glauben und der Hoffnung gewesen, jetzt würde eine neue Blüte der modernen Kunst, der Expressionismus,

---

[80] Poppelreuther, Tanja: Das neue bauen für den Neuen Menschen, Hildesheim 2007, S.144
[81] YouTube: Walter Gropius – Bauhaus in Dessau (http://www.youtube.com/watch?v=VyCL3AOYPwQ aufgerufen am 21.09.13)
[82] Craig, Gordon Alexander, Deutsche Geschichte 1866-1945, München 1980, S. 575
[83] Droste, Magdalena: Bauhaus, Köln 2012, S. 230

einsetzten."[84] Der Bauhaus-Schüler Franz Ehrlich entwarf den Schriftzug „Jedem das Seine" auf dem Lagertor des Konzentrationslagers in Buchenwald.[85] „Als Häftling in Buchenwald war er dort von 1937 bis 1939 als Architekt eingesetzt worden. Bei der typografischen Konzeption des Schriftzuges orientierte sich Ehrlich an seinem Lehrer, dem Bauhaus-Meister Josef Schmidt."[86] Dies zeigte, dass die Haltung der Nationalsozialisten gegen die Moderne und somit auch gegen das Bauhaus nicht ganz eindeutig war. „Während die NS-Machthaber für ihre Propaganda-, Staats- und Parteibauten auf einen monumentalen Klassizismus setzten, erkannten sie bei Technik-, Industrie- und Fabrikbauten das Gebot der Funktionalität als Zeichen technologischen Fortschritts durchaus an und orientierten sich an der Neuen Sachlichkeit."[87] Es gab aber natürlich auch Unterschiede im Nationalsozialismus zur Bauhausmoderne, beispielsweise in der Kunst und im Theater. Die Gemälde in der Bauhausmoderne widersprachen Hitlers Vorstellungen. „Kunst (…) müsse für das Volk verständlich sein, an seine edelsten Instinkte appellieren und in ihm den Stolz auf sein Land und den Wunsch wecken, ihm zu dienen."[88] Die abstrakten Kunstwerke von Kandinsky widersprachen dieser Vorstellung, da sie Raum für freie Interpretation ließen. „Für Theaterfreunde, deren Geschmack zum modernen Theater hintendierte, waren magere Zeiten angebrochen, denn fast alles, was in der Zeit der Republik entstanden war, stand auf der Verbotsliste (…). Das Publikum mußte zwischen verherrlichenden Darstellungen der Nazi-Bewegung (…) und Schwänken aus dem Dorfleben wählen, die mit rustikalem Humor und mit anzüglichen Hinweisen darauf überfrachtet waren, daß es das Hauptgeschäft der Menschen sein sollte, sich um ihre Fortpflanzung zu kümmern."[89]

Schlusswort

Es wurde deutlich, dass das Bauhaus mehr als nur eine Kunstschule war, es war der von der Schule geprägte Kunststil in der Weimarer Republik. Dieser Stil, der auf Funktionalität, Einfachheit und Produktivität setzte, konnte nur in einer demokratischen Regierungsform umgesetzt werden. Alles, was vorher geschah, zum Beispiel die Verbürgerlichung und Autonomisierung der Kunst und der Jugendstil, führte natürlich auf den Bauhausstil hinaus, nur der Durchbruch geschah nach dem Krieg und mit der neuen Staatsform. Der Krieg

---

[84] Italiaander, Rolf: Wir erleben das Ende der Weimarer Republik, Düsseldorf 1982, S. 151
[85] Die Welt: Endstation Berlin (http://www.welt.de/dossiers/bauhaus2009/article4149646/Endstation-Berlin.html   aufgerufen am 28.09.13)
[86] Ebd.
[87] Ebd.
[88] Craig, Gordon Alexander, Deutsche Geschichte 1866-1945, München 1980, S. 571
[89] Craig, Gordon Alexander, Deutsche Geschichte 1866-1945, München 1980, S. 574

veränderte die Kultur und die Kultur konnte sich frei entfalten, da kein Kaiser da war, der die endgültigen Entscheidungen über die Gesamtheit des Bürgertums traf. Zur Änderung der Kultur und der Erwartungen der Kultur an die Kunst spielte die Industrialisierung und somit die Zunahme der technisierten Arbeit eine wichtige Rolle. So war die Weimarer Republik genau der richtige Geburtszeitpunkt des Bauhauses, dessen Prinzip es war, Kunst, Handwerk und Technik zu vereinen. Die Nationalsozialisten, die auch auf Funktionalität setzten, verboten das Bauhaus, weil es ihrer Meinung als „bolschewistisch", „undeutsch" und „artenfremd" galt.[90] Das Bauhaus galt zwar als unpolitisch, aber bei genauer Betrachtung, sind politische Beeinflussungen der Studierenden durch die Meister zu erkennen. Deutlich wird dies darin, dass die Studenten des Bauhauses, Hannes Meyers Unterricht sehr schätzen und dieser ja wie bekannt marxistische Philosophie in den Unterricht mit einfließen ließ. Nach dem Verbot wanderten die meisten bedeutenden Künstler ins Ausland, meistens in die USA, aus und hatten dort signifikanten Erfolg mit dem Bauhausstil. Dies zeigt, dass wenn in Deutschland sich die Staatsform nicht so geändert hätte und es weiterhin eine Demokratie gegeben hätte, das Bauhaus wahrscheinlich eine längere Existenzchance gehabt hätte. Dass der Bauhausstil auch heute noch allgegenwärtig ist, beweisen zahlreiche Beispiele aus Kunst und Kultur, doch beinhaltet sogar das neuste Aldi Prospekt Weine von Fritz Keller, der den Gründungsgedanken des Bauhauses aufgriff und dessen Etiketten Motive von Paul Klee, der ein Meister am Bauhaus war, zeigen. Dies zeigt dass trotz des inneren Einflusses den eine Regierung auf die Kunst haben kann, ihr Widerstands- und Überlebenspotential nicht unterschätzt werden sollte.

---

[90] Droste, Magdalena: Bauhaus, Köln 2012, S. 230

Literaturverzeichnis

Bücher und Zeitschriften:

Bott, Gerhard: Von Morris zum Bauhaus, Darmstadt 1977

Craig, Gordon Alexander: Deutsche Geschichte 1866-1945, München 1980

Droste, Magdalena: Bauhaus, Köln 2012

Gaede, Peter-Matthias: Deutschland um 1990; in: GeoEpoche, Nr. 12, 2004

Gaede, Peter-Matthias: Die Weimarer Republik; in: GeoEpoche, Nr. 27, 2007

Hardtwig, Wolfgand; Brandt, Harm-Hinrich: Deutschlands Weg in die Moderne, München 1993

Italiaander, Rolf: Wir erleben das Ende der Weimarer Republik, Düsseldorf 1982

Nipperdey, Thomas: Wie das Bürgertum die Moderne fand, Berlin 1988

Poppelreuther, Tanja: Das neue B5auen für den neuen Menschen, Hildesheim 2007

Internet:

Archivportal Thüringen, 2006. Internetpublikation unter: http://www.archive-in-thueringen.de/finding_aids/index.php?path=0;25055;32134 [Stand 21.08.13]

Bauhaus Archiv, 1999. Internetpublikation unter: http://www.bauhaus.de/bauhaus1919/ [Stand 21.08.13]

Bauhaus Dessau. Internetpublikation unter: http://www.bauhaus-dessau.de/deutsch/start.html [Stand 21.08.13]

Bauhaus Online. Internetpublikation unter: http://bauhaus-online.de/ [Stand 21.08.13]

Bundeszentrale für politische Bildung. Internetpublikation unter http://www.bpb.de/ [Stand 23.09.13]

Freiburger Dokumentenservice (FreiDok). Internetpublikation unter: http://www.freidok.uni-freiburg.de/volltexte/2769/ [Stand 14.09.13]

Fremdwort.de. Internetpublikation unter: http://www.fremdwort.de/suchen/bedeutung/Historismus [Stand 25.09.13]

Die Welt. Internetpublikation unter: http://www.welt.de/dossiers/bauhaus2009/article4149646/Endstation-Berlin.html [Stand 28.09.13]

YouTube: Walter Gropius – Bauhaus in Dessau, 2011. Internetpublikation unter:
http://www.youtube.com/watch?v=VyCL3AOYPwQ [Stand 23.09.13]

Abbildungsverzeichnis

Abbildung 1: Internetpublikation unter:
http://upload.wikimedia.org/wikipedia/commons/e/e1/Bauhaus.JPG [Stand 18.09.13]

BEI GRIN MACHT SICH IHR WISSEN BEZAHLT

- Wir veröffentlichen Ihre Hausarbeit, Bachelor- und Masterarbeit

- Ihr eigenes eBook und Buch - weltweit in allen wichtigen Shops

- Verdienen Sie an jedem Verkauf

Jetzt bei www.GRIN.com hochladen und kostenlos publizieren